大家小书
篆刻　程方平

中国历史小丛书

新编历史小丛书

新编历史小丛书

谭嗣同

王克骏 著

北京出版集团公司
北京人民出版社

戊戌变法是不成熟的改革运动

戴　逸

甲午战争的失败对中国影响之大，刺激之深，是前所未有的。真正有了亡国灭种的切肤之痛。康有为的上书皇帝虽还没有看到，但许多知识分子看到了，起了很大的觉醒作用。报刊、学会、学堂在各地纷纷涌现。各种工厂也开办了很多，连新科状元张謇也跑回家乡，开办大生纱厂，搞实业救国去了。当时有一个值得注意的新趋势，即商办工厂多了，也就是私营企业多了，官办、官督商办少了。事实证明官办工厂弊端重重，效率低，很多亏损倒闭，洋务时期和后来张之洞办的民用企业就是这样。当时中国资本主义的发展，都是戊戌变法运动的物质基础。

戊戌变法虽然是一次不成熟的改革运动，但它也是当时社会的需要和必然，因为有了一点资本主义经济发展，有了一点社会传媒（报刊）和群众团体（学会）的出现，有了一批先行的思想家的鼓吹（如薛福成、王韬、郑观应），特别是有了甲午战争失败的刺激，人心激愤，人心思变，这就是戊戌变法必定会发生的原因，但是不知道怎样变。当时经济很幼稚，改革主体没有发育成长，没有改革理论，完全套用外国的经验，而并不适用于中国的现实。当时中国改革的群体力量尚未成长，“改革”就像在母腹中躁动欲出的婴儿，但当时中国还没有一位强有力的改革领袖，光绪帝和康有为就来充当不称职的“接生婆”。康有为登高一呼，群起响应。康是一个大智大勇的人，他既看到了改革的迫切性必要性，又甘冒千万人的反对，举起改革的大旗，不避艰险，勇敢向前。他既是第一个发出呐喊，呼唤改革，又是知识上性格上有缺陷的改革者。由于这些缺陷，导致改革的夭折，但即使没有他那种冒失作假、不慎重的性格缺陷，戊戌变法也不会成功。因为守旧派和维新派的力量对比太悬殊了，改革运动尚未成熟，未成熟的改革运动才产生了软弱的光绪和康有为这样未成熟的改革家。

当时，“人心思变”，连慈禧太后对改革也是点了头的。光绪的有些措施，她曾经同意了的，突然一下子完全拐了弯。是光绪和康有为行动过激得罪了她？有的先生甚至说慈禧并不是个守旧派，你看她八国联军后，从西安回来，态度很开明，改革行动比戊戌维新走得更远。那是因为形势已经急剧改变，革命运动已经起来，不改革清朝走投无路，只能灭亡。在戊戌时代慈禧不过是随大溜儿，甲午战败也说要改革，只是口头上说说而已，真要实行改革，就会侵犯她和她周围人的利益，改革必然是权力和利益的重新分配，触犯了她的权力利益，她就必定要拼命反对，这就是“叶公好龙”。改革越是深入，触动的面就越大，反对也愈加激烈。一大批守旧派集结起来，慈禧就是守旧派的领袖。礼部六堂官被光绪罢黜，礼部尚书怀塔布的媳妇就是慈禧的亲戚。罢免了她的亲戚，连个招呼也不打，怒气就上来了，还能不反对？如果说慈禧不是守旧派，那么当年就没有一个守旧派了。判断人物的政治倾向不是根据她口头上曾经说过什么，要看她一生的言论和行动，特别是关键时刻的言论和行动。从政治上说，慈禧既是个有心机有权术的人，又是个浅薄、短见、昏庸的人，她并不认识到国家和她自己的长远利益所在。她长期在宫中，足不出宫禁，智不识大局；又没有多少文化，未和外界接触，不认识历史潮流，不知道世界上各种势力和新鲜事物。她所接触的只是很小的圈子，宫中的嫔妃、宫女、太监，自己家里的亲戚朋友，有限的几个王公朝臣。她生活在一个守旧派的小圈子、小范围中，没有什么远大的见识。中国正处在国家危急的关头，偏偏有这样一个不允许有所作为的最高统治者、顽固的守旧派，她一手扑灭了改革并杀害了六君子，这是极大的悲哀与不幸！

甲午战后虽说人心思变，但这出

于一时激愤，其实很多人的头脑并没有变，还是装满旧思想，需要一次启蒙运动。戊戌变法政治改革虽然失败，但它在思想启蒙方面做了很多工作，形成了中国的第一次思想解放，促使了很多人的觉醒，纷纷从改良走向革命。

好几位先生都用“睡”和“醒”来形容19世纪中国人的情形，这确是很形象的比喻。中国国门关闭甚紧，专制统治日久，不知世界大势，不识新鲜事物，浑然入梦。拿破仑就曾说过：东方的中国像一头正在睡觉的大狮子，最好别去惊醒它，要是它醒来，世界会因而颤抖。大家说中国近代多次遭到外国入侵的战争，每一次战争，中国人因受刺激而醒了一下，但随后又睡着了。确实如此，19世纪中国睡着的人太多了，睡觉的时间太长了，很多人长期在昏昏入睡，从未醒来。例如，戊戌变法时，全国督抚中除了陈宝箴、张之洞以外，哪一个是清醒的？有的人是先睡后醒的，如翁同龢；有的人是先醒后睡的，如康有为。戊戌变法以后，站在原地不动，时代在前进，康有为就落后了，成了保皇派。总之，在那个时代睡觉的人太多，只有孙中山是清醒的，始终站在时代的前列。这是由于封建传统意识太浓厚，根深蒂固不易摆脱，所以当时梁启超说要“开民智”，写了《新民说》，孙中山说要唤起民众，毛泽东说“重要的问题是教育农民”，他们很看重要提高全体人民的素质。

2006年12月25日

（选自《在〈通纪·戊戌变法〉学术研讨会上的讲话》，收入《涓水集》）

目　　录

一　一位爱国者和思想家的成长

在北京宣武门外大街南口，有一个北半截胡同。胡同内有一所大门向东开的宅子，这就是1898年戊戌变法时候，维新派人物经常往来的地方之一——“浏阳会馆”。院子里有一排坐西朝东的房子，就是当年谭嗣同的书斋——“莽苍苍斋”。人们走过这里，就会情不自禁地想起戊戌变法时候，那位资产阶级改良派里最激进的政治活动家谭嗣同。他为了挽救我们民族的危亡，为了我们祖国的进步，在变法失败后，献出了自己的生命。

谭嗣同，字复生，号壮飞，湖南省浏阳县人。他的父亲是清朝的大官，做过湖北巡抚。1865年3月10日（同治四年二月十三日），谭嗣同诞生在北京宣武门外烂漫胡同。他五岁开始读书。十岁时，跟随当时具有爱国思想的知识分子欧阳中鹄[①]学习。他后来的思想和行动，受这位老师的影响很大。

谭嗣同十一岁那年，北京发生了白喉传染病，他被传染上了，病势十分严重，昏迷了三天，才苏醒过来。他的字叫复生，就是因此而取的。在这次白喉流行中，他的母亲、大哥和姐姐在五天之内相继死去。以后，他受到庶母[②]

的虐待。冷酷的家庭生活，经常刺激着他，在他童年的心灵里，就已萌生了憎恨封建家庭、反抗旧势力压迫的思想。

谭嗣同少年时候，还曾跟随当时很有名气的侠客大刀王五[3]学习武术。在王五的辛勤教导下，他练就了一身好武艺。谭嗣同后来自己叙述说："我从小就打拳踢腿，舞刀弄剑，热爱武艺。因此，动作灵活，手脚利落；长大后，能弯弓射箭，更喜欢骑马驰骋。"他写过这样一首诗：

平生慷慨悲歌士，
今日驱车燕赵间；
无限苍茫怀古意，
题诗独上井陉关。[4]

诗的大意是：我是禀性豪爽、侠心义胆的人。如今风尘仆仆，在祖国北方的河北山西等地往来奔走。雄浑的山川，莽莽的平野，使我情不自禁地想起了许多古往今来的英雄事迹。我独自来到井陉关上，这是汉朝韩信用兵，打了大胜仗的古关隘。我在这里题诗，抒发壮烈的情怀。

这首诗，意境宏大，同时也是他当时实际生活的一个写照。

谭嗣同十三岁时候，跟随父亲去甘肃。往以后几年里，他曾几次来往于甘肃和湖南。在祖国的西北，他和他二哥嗣襄、表哥徐蓉侠等人，有时站在无边无际的原野上，眺望浑圆的落日和多彩的云霞。有时跃马弯弓，率领百十个健儿，大声疾呼，追逐猛兽。傍晚，就在沙漠上支起帐蓬，点起篝火，横七竖八地坐着躺着。或者弹琵琶，纵情高歌，整夜欢呼。有一次，正当数九隆冬，雪花纷纷飘落，他在漫天风雪中，不顾饥渴劳累，连续七昼夜，骑着马奔驰了一千六百里路程。一路上，经过高山深谷，悬崖峭壁。回来时候，两腿被马鞍磨破，鲜血把裤裆都染红了。看到的人都心惊胆战，而他却满不在乎。这种浪漫的无拘无束的生活，锻炼了他不畏强暴不怕困难的性格。

在十九岁以后的十年里，他为了广泛地考察风土人情，物色英雄豪杰，曾去过遥远的新疆，漫游了黄河两岸、大江南北和台湾等省。他走的路共有八万多里。祖国的辽阔幅员和壮丽山河，开阔了他的眼界，扩大了他的胸怀，加深了他对祖国的热爱。与此同时，他也看到了从1840年鸦片战争以来，在国内外反动派的压榨下，农田荒芜，市井萧条，人民饥寒交迫等悲惨情景，这又使他为祖国的灾难，人民的痛苦而叹息，而悲愤。在漫游中，他还结识了不少知名人士和秘密会社的下层人物。所有这些，都使他逐渐地认识了当时社会的真实面貌。

谭嗣同十四岁开始学诗。他第一次写的诗是《送别仲兄泗生赴秦陇省父》，即送他的二哥到甘肃去看望父亲，这是五首七言绝句，其中有一首说：

碧山深处小桥东，
兄自而驰我来同；
羡杀洞庭连汉水，
布帆斜挂落花风。

意思是：在这碧绿的山峰深处，流水旁，小桥东，我怀着依依难舍的心情和哥哥道别。他独个儿西行了，我却不能和他同往；在迷惘里，我想起洞庭和汉水连在一起，永不分离，多么羡慕它们啊！暮春时节，春风吹看落花，春水泛着碧波，船儿缓缓行去，越走越远，影影绰绰的只剩下一点帆影，这是多么使人惆怅啊！

这首诗吐露出真挚的兄弟情谊，

也表现了他的卓荦的才华。

谭嗣同在学习上，勤奋不倦，始终如一，善于吸取别人的长处，从来不骄傲自满。在青年时代，他就留意哲学和政治思想方面的问题。他读过很多书，深入地钻研了中国古代的哲学思想。先秦的经学、诸子，宋明的理学和清代诸家的学说，他都细心地翻阅过。他还读过不少西方的自然科学、外国的历史地理和政治书籍。他对这些知识，不是囫囵吞枣，死记硬背，而是有选择地把其中有用的部分化为自己的东西。在许多优秀的民族文化遗产里，对他影响比较大的，是墨子[5]主张的“兼爱”、“任侠”、“摩顶放踵”[6]的精神和明末清初王夫之[7]等的民族、民主思想。在近代人物中，他推崇的是龚自珍[8]、魏源[9]。同时，西方资产阶级的社会政治学说和自然科学，对他的思想影响也很大。

从万里遨游中，从实地考察中，从勤奋学习中，谭嗣同的进步思想和热爱祖国、勇于牺牲的精神逐渐培育起来了。

1894年，谭嗣同二十九岁。这一年爆发了中日甲午战争。中日甲午战争是日本侵略中国的战争，由于清朝政治腐败，中国陆军节节败退，北洋海军全军覆没，民族危机十分严重。1895年，清政府和日本订立了《马关条约》。条约的主要内容是：割辽东半岛、台湾、澎湖列岛给日本，赔款白银二亿两，开沙市、重庆、苏州、杭州为商埠，允许日本在中国开设工厂。这是中国近代史上丧权辱国、危害人民的不平等条约之一。面对着这样创巨痛深的问题，谭嗣同非常愤慨，他激昂地说："这种把国家生死命脉完全交给外人的做法，太危险了。国家就要灭亡，人民将要沦为亡国奴。在历史上，金侵略宋朝，宋朝南渡，还维持了一百多年；现在就是要像南宋那样，偷安江南，苟延残喘，都不可得了。"他无情地抨击签订《马关条约》出卖台湾的大卖国贼李鸿章的罪行，对当时台湾人民反抗帝国主义的英勇斗争，寄予深切的同情。

中日甲午战争以后，帝国主义把大量资本输入中国，设银行，开矿藏，建工厂，修铁路，残酷地榨取中国劳动人民的血汗；列强又强租港口，公然在中国各霸一方，划分势力范围。德国首先攫取胶州湾，把山东置于自己控制之下；俄国强租旅顺、大连，窥伺东北；法国强租广州湾，以云南、两广为势力范围；英国强租威海卫，横行长江流域；日本则妄图霸占福建……情况糟到这般地步，还不算完。英国外相肆无忌惮地宣称："世界上，有两种民族，一种是活的民族，另一种是快要死亡的民族。像土耳其和中国，人人都有瓜分他们的权利。"德国皇帝叫嚣要"逐渐瓜分大清帝国"。祖国面临着被瓜分的危险。祖国的灾难，引起爱国志士的无比悲愤。谭嗣同以极其沉痛的心情，写下了激动人心的诗句：

世间无物抵春愁，
合向苍冥一哭休；
四万万人齐下泪，
天涯何处是神州？

这首诗的大意是：人们说“春愁最愁人”，当前祖国的危机，就是最大的“春愁”，它给我增加了无比的苦痛。这苦痛折磨着我，寝食不得安宁。我应当向着悠悠的苍天，顿足捶胸地大哭一场，一泄我久积在心头的愤懑。这不只是我一个人这样，亡国危机，使四万万中国人都涔涔地流下悲痛的泪水。我遥望天边，理想的中国在哪里呀?

这是血和泪凝成的诗句，是从强烈的爱国情感激发出来的声音。

为了挽救垂危的民族和苦难的人民，谭嗣同刊印了明末清初爱国志士的作品，如《明夷待访录》[10]《扬州十日记》[11]等，秘密传布；又把《铁函心史》[12]介绍给人阅读。他积极地为唤醒国人而奔走，而呼号。

注释：

①欧阳中鹄，浏阳人，现代戏剧家欧阳予倩的祖父，是一位思想家，又是一位爱国人士。谭嗣同在拜他为师后的二十多年里，经常和他联系。

②庶母就是父亲的小老婆。

③王五是当时有名的侠客，单刀练得最好，所以叫大刀王五。义和团运动中，他和外国侵略者搏斗牺牲了。

④井陉关，在今河北井陉东北井陉山上。因地形险要，成为历代军事要地。

⑤墨子，名翟，春秋末年鲁国人，墨家学派的创始者。墨子和他的弟子的思想行为，记载在《墨子》一书里。

⑥“兼爱”：不论亲疏远近的人，都要去爱，而且要爱人如己。“任侠”：用自己的气力，舍死忘生地去帮助别人。“摩顶放踵”：只要对大众有利，全身从头到脚全被消磨掉了也愿意。

⑦王夫之是明末清初的唯物主义哲

学家，有强烈的民族主义思想。

⑧龚自珍，清朝后期要求改革现状的思想家。

⑨魏源，清朝后期的思想家，主张抵抗侵略，禁止鸦片。他热心研究当时实际状况，注意世界历史、地理的探讨。

⑩《明夷待访录》，明末大思想家黄宗羲所著的书。其内容反对君主专制，阐述民主思想，并主张均田和重视工商业。

⑪《扬州十日记》记述了1645年清军攻破扬州，实行绝灭人性的大屠杀，血洗扬州，屠城十日的实况。

⑫《铁函心史》原名《心史》，是郑思肖的诗文集。郑思肖，字所南，

南宋遗民。《心史》原来没有流传，明朝崇祯时，在苏州承天寺井中发现，用铁函密封，很是牢固，所以叫做《铁函心史》。书中诗文有强烈的民族主义思想。

二　向西方寻求救国真理

祖国，在风雨飘摇之中。它象惊涛骇浪里的一条破船，随时都有沉没的危险。如何挽救祖国的危亡，解除人民的苦难，是当时爱国志士们都在焦思苦想的问题。谭嗣同也在苦心思虑着这个问题。他认为：西方资本主义国家所以富强，是由于他们在生产上开工厂、用机器；政治方面实行选举、设议会。而中国没有这些，所以西方富强，中国贫弱。这样，他得出了结论：中国不能再像从前那样，按老一套办法过下去了，必须奋起直追，学习西方制造轮船、火车和枪炮的技术，实行选举、设议会等管理国家的方法。谭嗣同的理想，是要使中国成为资本主义国家。这是当时新兴的民族资产阶级的愿望。谭嗣同代表这个阶级提出了他们的要求。

这时候，另一位向西方寻求救国真理的代表人物康有为（戊戌变法的领导者），也打算按着西方资本主义国家的样子改造中国。他已经在北京成立了有近千名知识分子参加的“强学会”，声名很大。谭嗣同和康有为等人建立了联系。1896年春，谭嗣同去北京，路经上海，便去访问康有为，但不凑巧，康有为已离开上海回广州去了。谭嗣同到北京，由吴铁樵介绍，见到了康有为的学生梁启超，由于他们的立场、观点一致，两人一见面就很谈得来，梁启超对谭嗣同非常佩服，他在写给康有为的信里，赞扬谭嗣同说："他才识明达，魄力绝伦，我见过的人很多，但在所有的有抱负的人物中，他可算得上是首屈一指。"

谭嗣同跟康有为、梁启超等，虽是同属维新派，但是按照以后发展的实际情况来看，谭嗣同反对君主专制、反对清朝统治和反对封建道德的思想，都是比康有为等更为进步的。

不久，谭嗣同由北京到天津。他看到了机器厂、轮船、船坞、铁路、火车、铁桥、电线、炮台等，他感到这些东西都很好，没有一样不是规模宏远，制造精密，他希望中国能够有更多的这类东西。

自从会见了梁启超，了解了康有为的主张以后，谭嗣同变法的信念更加坚定了。他大声疾呼，提倡变法，谋求发展资本主义。1897年，湖南巡抚[①]陈宝箴、按察使[②]黄遵宪等倾向维新变法，想在湖南实行新政。这时，谭嗣同正在南京，他们便把他请回长沙。在谭嗣同等的筹划下，湖南先后建立了时务学堂、武务学堂、南学会，创办了《湘学新报》（旬刊）、《湘报》（日刊）；并筹办内河轮船、修筑湘粤铁路和商办矿务……时务学堂是湖南维新派培养人才和宣传维新变法思想的机构，由梁启超任总教习，李维格任西学教习，唐才常等任分教习，向学生灌输反清思想和“民权”学说。南学会讲爱国的道理，求救亡的办法，是推动新政最有力的机构，规模很大，先后入会的达一千多人。总会设在长沙，全省各地都设有分会，由谭嗣同和湖南著名学者皮锡瑞等担任学长。每七日集会讲学一次，每次有一千多人听讲。1898年二三月间，谭嗣同先后讲了《论中国情形危机》《论今日西学与中国古学》等问题。他慷慨激昂地谈论天下大事，激发听众的爱国意识，听的人都大受感动。《湘报》于1898年3月创刊，是湖南维新派的机关报纸，谭嗣同、唐才常等是主要撰稿人，他们在报纸上不仅宣传维新变法的道理，而且向读者指出民族危机的严重和批评清朝政府的暴政。

由于谭嗣同等人的努力，湖南省讲求新学的风气大开，使湖南成为当时国内比较先进的省分之一。

谭嗣同等这样做，遭到了守旧绅士王先谦、叶德辉之流和湖广总督张之洞等的猖狂攻击和破坏。他们驱使党徒们在长沙城内遍贴匿名帖子，对维新派人士大肆威胁，并驱散南学会，殴打《湘报》主笔，用暴力迫害维新人士。维新派同守旧派之间的斗争一天天地尖锐起来，不少维新人士都被迫离开了湖南，独有谭嗣同毫不畏惧。他在给老师欧阳中鹄的信中说：“平日咱们互相鼓励、互相劝勉的，就是要为国家和民族的利益牺牲自己的生命，甚至牺牲整个家族。现在国弱民贫已经到了极点，只有闹到新旧两党流血遍地，国家才有复兴的希望；不然，都贪生怕死，碰到一点小小的挫折就改变原来的主张，祖国就真的要灭亡了。”

这些话，表现了谭嗣同极其强烈的爱国思想和勇于牺牲的精神。

注释：

①巡抚，一省的军政长官。

②按察使，管一省司法案件的长官。

三　积极参与戊戌变法

谭嗣同在湖南维新运动中所显露的才华，很快就被光绪皇帝所赏识。1898年9月，他被征召到北京参加变法活动。

原来，中日甲午战争以后，一方面民族危机十分严重，一方面新办了一些工厂、企业，民族资本主义有了初步发展。因此，挽救危亡和发展资本主义，就成为当时最根本最迫切需要解决的问题。但在半殖民地半封建的中国，民族资本主义受帝国主义和封建主义的双重压迫，得不到顺利的发展。当时以康有为为首的一部分人，想用既不根本推翻封建制度，又能发展资本主义的改良主义办法来挽救民族危机。这是因为：当时民族资本的力量很软弱，那些开办工厂、企业的人，极大多数又是绅商——倾向资本主义的地主阶级。所以他们既要发展资本主义，又想维持封建制度。这种二重性，反映到政治上，就是一方面渴望参加政权，要求民主；另一方面，却又极端害怕人民群众起来革命，从根本上推翻封建制度。

康有为等打算利用统治集团里面的矛盾，实现地们的理想，便向光绪皇帝提出了“变法救亡”的主张。恰好这时光绪皇帝也想通过维新变法来巩固统治，并且战胜西太后等守旧的顽固派。这样，从1898年（旧历戊戌年）6月11日起，到9月21日止的一百零三天里，康有为等向光绪皇帝提出了一系列的建议，并且通过光绪皇帝宣布了一些新政。其中主要的是：废除八股考试，奖励科学发明，提倡民办工业，实行言论自由，召开国会以行宪政等等。这就是所谓“戊戌变法”，也叫做“百日维新”。戊戌变法要求民族独立、国家富强、发展资本主义，在当时是一个爱国的进步的政治运动，但是它是不彻底的改良主义的运动。

在变法开始时，维新派大臣徐致靖向光绪皇帝推荐谭嗣同，说他“才能出众，学问渊博，忠心爱国，敢于克服困难，对内可以参预国家大事，出谋划策，对外也是一位能干的人”。于是，在9月5日，光绪皇帝召见了谭嗣同。谭嗣同向光绪皇帝陈述了自己的主张和理想。光绪很器重他，特别授给他四品衔军机章京[1]，叫他和杨锐、林旭、刘光第一起参与机要，参加新政的领导机构。他们的工作主要是审阅各地的奏章、记载档案、起草皇帝的诏书文稿和商量国事。

参加维新变法，在谭嗣同的心里引起了光明奋发的激情和美丽的幻想。他想：朝廷决心变法，国事大有希望，漫漫的长夜快要过去了；自己从前漫游各地所见到的那幅满目创伤、一片凄凉的画图，将逐渐改变以至消失；代之而来的，必是国家的昌盛。这不正是自己多少年来尽力追求、甚至在睡梦中都向往着的么？时间不会倒流，机会难以再得，应该尽自己的一切，为祖国开拓出一条宽广光明的道路。为此，他不辞辛劳，日日夜夜地努力工作。

当然，他也知道，要实现理想，一定会遇到很多阻碍和困难，不会是一帆风顺的。事实也是这样，在工作中，顽固分子时常和他为难，使他遇到很多意想不到的麻烦，但是，他毫不畏惧，困难被他一一克服了。

注释：

①“军机章京”是清政府军机处的官名。

四　决意牺牲，从容就义

维新变法所施行的种种法令和政策，既然是为了发展民族资本主义，就不可避免地要跟封建制度发生冲突，必然会遭到代表封建地主阶级利益的顽固派的仇视和坚决反对。所以，整个变法过程，也就是维新派和顽固派激烈斗争的过程。当时，掌握清朝政府实权的是西太后那拉氏，她就是顽固派的头子。顽固派对光绪皇帝和维新派惧入骨髓。西太后一年中大部分时间住在北京西郊的颐和园，顽固派就在这座美丽的园林里，策划阴谋，布置圈套，准备把变法运动一举绞杀。西太后首先逼着光绪撤掉他的亲信大臣——接近变法人物的翁同龢，并立即赶出北京，这是她对变法的第一次打击。其次，她强迫光绪皇帝宣布：凡二品以上官员如有升赏，必须到太后那里去“谢恩”，以此牵掣光绪皇帝委派维新派为高级官吏。接着，她又逼光绪任命顽固派重要人物荣禄去做直隶总督兼北洋大臣，统率北洋军队以控制北京，把兵权抓在她手里。9月初，顽固派怀搭布和杨崇伊，先后到天津荣禄那里，传达了西太后预定10月底要光绪跟她一道去天津阅兵的法定。他们想趁阅兵的机会，废掉光绪，取消新政。荣禄就开始调兵遣将，命令聂士成的军队五千人驻扎天津，又叫董福祥的部下驻防长辛店……他们完成了发动政变的一切准备工作。在这紧急时刻，9月14日，光绪急急忙忙地给康有为等下了一道密诏，大意说：我的帝位快要不保，你们康有为、杨锐、林旭、谭嗣同和刘光第等人，快想办法，我十分焦灼地期望着你们的搭救。因为维新派本身没有什么实力，又脱离广大人民群众，所以康有为等捧着诏书干着急，一点办法也想不出来。后来，他们只好把一线希望寄托在袁世凯身上。袁世凯当时是北洋军队里的一个军官，手下有七八千人，正在小站练兵。虽然这支军队也受荣禄管辖，但是由于袁世凯曾虚伪地表示赞成变法，所以在事急的时候，只好去求助于他了。9月16日，光绪皇帝召见袁世凯，夸奖了他一番，并提升他为侍郎，叫他专办练兵事务，以保新政。此后，风声日紧，北京满城风雨。在这紧急关头，9月18日夜里，谭嗣同独自一个人到袁世凯在京的住处。一见面，谭嗣同就诘问袁世凯说："你说现在的皇上怎样？"袁世凯说："是从来没有过的贤明的君主。"谭嗣同说："天津阅兵的阴谋，你可知道？"袁世凯说："嗯，有这么个传说。"谭嗣同就直截了当地取出密诏说："皇上现在大难临头，只有你能够救他，你愿意救就救。"说到这里，他用手抚摸着头颈说："你要不想救皇上，就请到颐和园太后那里去告密，杀了我，你就可以升官，可以发财！”袁世凯假装正颜厉色地说：“你把我袁某当成什么样的人？皇上是我们共同的主人，我和你同受皇上的栽培，救皇上不但是你的责任，也是我的责任，如果有什么吩咐，我袁某一定万死不辞！”谭嗣同说：“他们的诡计，就是想借天津阅兵的机会，废掉皇上。你和董福祥、聂士成的三支军队同受荣禄管辖，他们想用武力来实现阴谋。看来，董、聂二人不值一提，天下最有才干的只有你。如果发生事变，你就用你的一支军队，去抵御他们两人的兵力，保护皇上，恢复大权，清理朝政，肃清宫闱；报国恩，救君难，立奇功，建大业，事成之后，你就是天下第一等功臣！”袁世凯慷慨激昂地说：“如果皇上在阅兵时迅速驰进我的营内，下令诛杀奸贼，我袁某一定拚死去干！”谭嗣同说：“荣禄不是等闲之辈，对付他怕不容易。”袁世凯怒目相视说：“若皇上在我的营内，那么杀荣禄好比杀一条狗！”他们一直谈到深夜。满腔热忱、豪爽而又性急的谭嗣同就这样上了袁世凯的当。袁世凯是一个极端诡诈狡猾的家伙，他善于使用两面派手法，他嘴上说得好听，实际对维新派和顽固深之间力量悬殊这一点是看得极清楚的，他哪肯支持维新派？不但不支持，反而可耻地认为这是升官发财的绝好机会。于是就在9月20日那天，他急急奔回天津，向荣禄告密，出卖了谭嗣同和维新派。当晚，荣禄由天津赶到北京面见西太后。9月21日，西太后决定发动政变。这天早晨，她怒气冲冲地由颐和园进城，闯入光绪的寝宫，夺去皇帝的印信和文件，把光绪皇帝囚禁在北京南海中的瀛台，对外说他害了重病，自己临朝“训政”；同时，搜捕维新派。康有为、梁启超逃往国外。“戊戌变法”到此完全失败。

政变发生的当天中午，谭嗣同正在自己的寓所里与梁启超商谈，搜捕康有为的消息传来，谭嗣同一点也不慌张，他从从容容地对梁启超说：“从前要救皇上既不可能，现在要救先生（指康有为）也不可能，我已无事可作，只有等待死的来临了。”不过，他还想和大刀王五商量去救光绪，当他发现自己的愿望不能实现时，就整天不出门，等候逮捕他的人到来。

在他被捕的前几天，友人曾劝他及早离京，或去日本避难；他父亲也要他去湖北，以免遭祸，但都被他拒绝了。他说：“各国变法，都是流了血才成功的，现在中国还没有听说因变法而流血的人，这就是国家所以不昌盛的原因。为变法而流血牺牲的事，就由我谭嗣同开始吧！”

9月26日，清政府从浏阳会馆寓所里逮捕了谭嗣同，把他押入刑部北监。谭嗣同被捕以后，神气自若，态度从容，在牢房里踱来踱去，有时捡起地下的煤块，在墙上题诗。现在传诵很广的有这样一首诗：

望门投止思张俭，
忍死须臾待杜根；
我自横刀向天笑，
去留肝胆两昆仑。[1]

这诗的意思是：现在，我被囚在监牢里，想起了汉朝的张俭和杜根。张俭因为弹劾朝中的权贵而被通缉，逃奔在外，望门投宿，到处流亡；杜根因劝邓太后把政权还给皇帝而受酷刑，死去活来。现在，我们的作为和遭遇，同他俩一样。我横着刀向苍天大笑，为了国家和人民，我并不吝惜我的生命；虽然死亡在等待我，但我感到骄傲和自豪。

可尊敬的康有为先生，我和你都是赤胆忠心、象昆仑山一样挺立的人，现在你已离开北京，我还留在此地。我死之后，希望你担负起天下兴亡的重担，完成我未完成的事业。

他在狱中还给康有为和梁启超写过两封绝命书，两封信的大意是：这次政变，是天翻地覆的痛心大祸。我今被捕，自料必死，我死不足惜，可怕的是瓜分大祸，就在眼前。我担心的是民族的命运，祖国的前途。因此，我写这封血书，希望大家同心杀贼，挽救危亡；相信中国之大，民众之多，一定会有人做到这一点。嗣同生不能报国，死也愿为厉鬼，帮助完成这番事业……在生死关头，他想的不是自己，而是国家和人民。

1898年9月28日下午三时半，谭嗣同、康广仁、杨深秀、杨锐、林旭、刘光第等六位变法志士，在北京宣武门外菜市口惨遭杀害，时人呼冤，称他们为“戊戌六君子”。当他们被杀时，刑场上观者万人，谭嗣同慷慨就义，神色不变，临终时还大声说：“有心杀贼，无力回天；死得其所，快哉快哉！”这些话充分表现了爱国志士杀身成仁视死如归的英勇气概。

死的那年他才三十三岁。

第二年，他的遗骸运回原籍，葬在湖南浏阳城外石山下。墓前华表上有一副对联：

亘古不磨，片石苍茫立天地；

一峦挺秀，群山奔赴若波涛。

注释：

①“两昆仑”指的是谁，说法不一，梁启超认为“其一指南海（即康有为），其一乃侠客大刀王五”。有人认为，一指康有为，一指谭嗣同自己。这里用后一种解释。

五　中国近代思想史上放异彩的《仁学》

谭嗣同留给后人的宝贵的思想遗产就是《仁学》。这本书是1896年到1897年，他在南京做江苏候补知府时，在一所清静的宅院写成的。这本书共有五万字、五十篇，分为上下两卷。

在《仁学》书中，他大声疾呼，要冲破前进道路上的一切“网罗”。他用战斗的精神，大胆地提出了改革现实的纲领。这在当时是不能公开印行的，直到他殉难后，才由梁启超在日本把其中的一部分发表在《清议报》上，后来正式刊印成书，才流传于世。

《仁学》的内容很广泛，但主要的可分为：（一）哲学思想；（二）反对封建伦理道德的思想；（三）反对君主专制的思想；（四）反对清朝统治的思想等几个方面。

（一） 哲学思想

谭嗣同在《仁学》中用很多篇幅讲述“仁”的道理。他说：“仁”就是物理学中的“以太”[①]所表现出来的一种东西，“以太”充满天地之间，换句话就是“仁”充满天地之间。因为“以太”是物质，所以世界是物质的。他说：大到无边无际的天体，小到一满水里的千千万万微生物，都是“以太”构成的。人也不例外，人是物质的生物，人的精神也是“以太”的一部分。

由此可见，谭嗣同的哲学思想里，有唯物主义倾向。

谭嗣同又说：天地日月星辰和春夏秋冬四季，以及花草树木和社会，都是“变”的。人也是这样，人的身体面貌和颜色，天天都在变化之中，早晨起来照照镜子，没有一天是一样的。他进一步说明变的原因说：“以太”本身包含有两种对立的势力，这对立势力的斗争就是事物发展变化的动力。有矛盾就有发展，有发展就有新的产生和旧的死亡；所以不能守旧，要时时求新。

由此可见，谭嗣同的哲学思想里，有辩证法因素。

谭嗣同代表当时新兴的民族资产阶级，用他这种进步的哲学思想，狠狠地打击了顽固守旧分子。他认为当时农村破产，人民生活痛苦，工商业不能发展，思想不能自由，都是统治者用那害人的封建思想束缚的结果。但是，现在天下变了，这种思想也必须随之而变，不变是荒谬的。他又用变的道理，抨击当时的社会说：这个腐朽的社会，到处都充满了闭塞和愚昧，什么事都按老一套办是行不通的。因此，必须“革新”，冲决这社会的重重“网罗”。

（二） 反对封建伦理道德的思想

在《仁学》一书中，谭嗣同用他的哲学思想为根据，以激烈的姿态，把战斗的锋芒指向了当时神圣不可侵犯的“三纲”。

“三纲”是封建社会的道德，内容就是：臣子必须服从君主，儿子必须服从父亲，妻子必须服从丈夫；君要臣死，臣就不得不死，父要子亡，子就不得不亡，丈夫要妻子怎样，妻子就必须怎样；这种“规矩”是永远不准变更的。这种封建教条，像沉重的锁链，牢牢地捆着人们的手脚。在这些条文、规矩和习惯势力之下，人们有泪含在眼里，有苦埋在心头，连吭都不敢吭一声，不知断送了多少人的青春，埋葬了多少人的幸福，牺牲了多少人的生命。所以，谭嗣同向这种封建道德提出了愤怒的控诉。他首先从他的“仁”出发，说“仁”是善恶取舍的标准，凡是合乎自然的“仁”的，就是善，否则就是恶。那班迂腐的书呆子，动不动就拿“三纲”来压人，什么“忠君”，什么“死节”，真是岂有此理！皇帝也是人，为什么要为他去死！退一步说，若是皇帝是残害人民的坏蛋，也去为他效死，岂不是大错而特错！在“三纲”下面，妇女像牛马一样，被鞭笞，受奴役，一辈子忍受着屈辱折磨。试问，妇女也是人，为什么这样苦难重重，不幸到了极点！这就是那帮残害人民的家伙，高唱“三纲”的结果。充满血和泪的“三纲”是统治者在军队、监狱以外的另一毒计，是君用来压迫臣，父用来压迫子，夫用来压迫妻的工具，是统治者用来控制人民的精神武器。

谭嗣同大声疾呼，要打破“三纲”这个违反自然、违反常情、违反人道的枷锁，要冲决伦常的网罗。他勇敢地向封建伦常宣战，猛烈进攻，表现了他反封建的战斗意志和英勇气概。

（三） 反对君主专制的思想

在封建社会里，君主具有无上权威。他自称天子，认为普天之下都是他的土地，所有土地上的人民都是他的奴仆，他掌握着人民的生杀大权。因此谭嗣同在《仁学》一书中，更猛烈地抨击了封建君主专制，大力地颂扬了民主。

他说，中国的政治，由秦汉开始，两千年来都是“大盗”政治，两千年来的儒家主张，都是“乡愿”思想[2]。“大盗”利用“乡愿”，“乡愿”勾结“大盗”，他们狼狈为奸，共同欺压人民。所谓“忠臣”、“大儒”，都是统治者的走狗。他们把残酷的压榨叫做“理财”，叫做“报国”，其实都是民贼。君主把天下当作他个人的私产，进行无休止的剥削，谁要反对，就叫“叛逆”，就是杀头的罪名，这实在不合理。回想从前，人类社会本来是无所谓君民的，大家都是民，由于大家事情多，管理不过来，便在民中选出一个“君”给大家办事；这说明“君”是大家选的，君和民没有什么不同，这也证明是先有民后有君，君是末，民是本，本末不可倒置。既然大家能够选举君，也就能够废掉君。君是为民办事，臣是帮助君办理民事的；而取之于民的税赋，是供办理民事用的；如果事情没办好，就可以改换别人，这本来是极为普通的道理。但奇怪的是，后来的君主却不是这样，人民流血流汗供养他，他反倒骄奢残暴起来；供养他一个人不算，还要供养他的文武百官，而且他还要传之子孙万代。他用最残酷的刑罚镇压人民，人民必须俯首贴耳地受他宰割，还必须心甘情愿地为他“死节”，这真是非常荒谬的事情。按理说，君主不好，人人都可以杀他，谈不上什么“叛逆”。“叛逆”是君主用来吓唬人民的。君主没有什么不可侵犯的，反之，倒是应该立即打倒！

谭嗣同从根本上推翻了君主神圣不可侵犯的谬论。这种“民贵君轻、民本君末”的民主主义思想，在当时是很进步的。这是他思想上最为光辉的一面。

（四） 反对清朝统治的思想

谭嗣同的民主主义思想和他所处的时代联系起来，就自然而然地形成了他的强烈的民族思想和爱国思想。

主要是由满族贵族集团建立起来的清政府，到了后期，变得非常腐朽，帝国主义又不断侵略中国，因此，社会不能进步，人民极端痛苦。所以谭嗣同说：君主万恶，大家都已知道，而这清朝的君主就更为可恨了。为了防止人民的反抗，他们使用最毒辣的办法，堵塞人民的耳目，束缚人民的手脚，压制人民的思想，把大家逼得饥寒交迫，走投无路，挣扎在死亡的边缘，求生不能，求死不得。他们把整个中国践踏得土地荒芜，城市萧条，哀鸿满野，遍地创伤。“扬州十日”、“嘉定三屠”③、“剃发”④、“圈地”⑤、“文字狱”⑥……哪一桩、哪一件不是血迹斑斑，使人触目惊心！而这些，也不过仅仅是记载下来的千万分之一二而已。再说台湾，本是中国的领土，是一个美丽富饶的宝岛，中国人民为了开发和保卫这块土地，不知花费了多少劳动，流了多少血汗。但是，中日甲午战争时，清政府却把它轻易割弃，送给日本。台湾人民从此陷入水深火热之中，他们现在日日夜夜，渴望回到祖国的怀抱。为此，谭嗣同大声疾呼，号召苦难的人们起来，不要再醉生梦死了！

谭嗣同还激愤地说：现在外国侵略者已经得寸进尺，升堂入室，“瓜分”亡国大祸就在眼前。必须发誓，杀尽天下的君主，使流血满地球，才能给人民解恨！他表示要去当陈涉和杨玄感[7]。他痛恨镇压太平天国革命的曾国藩[8]，他说：湘军所过之处，乘势奸淫烧杀抢劫，无恶不作，践踏得东南数省，几十年不能恢复昔日的样子。所谓“大功臣”曾国藩等，正是应该千刀万剐的大罪人。

谭嗣同的爱国、民主思想，是他全部思想里的极为光辉的部分，也是最主要的部分。

《仁学》，在中国近代思想史上，放射着异彩。

注释：

①“以太”是19世纪初期，科学家们为了解决物理学上的问题，而设想的一种充满宇宙的物质（现在已不用这个说法了）。这里谭嗣同用“以太”来

说明他的“仁”。

②“乡愿”就是满口仁义道德，却不肯认真做好事的人。

③1645年，清军攻陷嘉定，下令屠城，死者两千；后来又两次屠杀，共死两万余人。

④清军入关，强迫汉人剃去大部分头发，像满人那样，把剩下的头发编成辫子，拖在脑后。不剃的，就杀头，当时叫做“留发不留头”。

④清军入关，强行抢占大片土地，叫做“跑马圈地”。

⑥清朝统治者怕汉人有反抗思想，用残暴的手段镇压汉族知识分子。凡是他们认为可疑的诗文，便把作者和他的全家以及和他有关系的人杀死；甚至

作者已死，也要由棺材里把尸体拖出戮尸。

⑦陈涉即陈胜，是秦末农民起义的领袖；杨玄感是隋末起兵反抗暴政的人。

⑧曾国藩组建并统率的湘军是攻灭太平天国的主力。

六　结束语

谭嗣同生在清朝末年民族危机十分严重、民族资本主义初步发展的时代。他是戊戌变法的积极参加者和领导者，是改良主义运动中的左派和急先锋。他提出了有唯物主义倾向、有辩证法因素的哲学思想；他勇敢地向封建伦常冲决，向君主专制挑战，向旧事物进攻，他的思想里有着革命的因素。他为了挽救垂危的民族，为了祖国社会的进步，在紧要关头，毫不犹豫，挺身而出，把宝贵的生命献给了祖国。他的思想和行动，给予我国资产阶级旧民主主义革命很大影响，在中国近代思想史上留下了光辉的篇章。

当然，这样评论谭嗣同，并不等于说他没有缺点和错误。由于他所处的时代，他所受的教育，特别是他所代表的阶级利益的限制等等原因，他的思想有许多矛盾。他一方面主张“仁”就是“以太”，是物质，是变化的；但另一方面却又说：仁，是万物的本源，是唯心的。可见他的哲学观点是不彻底的。他一方面渴望革命，向往革命，一方面却又害怕革命，怕“战乱一起，无法收拾”。他痛骂清朝统治者，却又希望通过光绪皇帝来实现他的理想。他痛恨帝国主义，却又对帝国主义存有幻想，他希望联络日本，请日本来支持变法。他看不到人民大众排山倒海的力量，看见的只是个人。由于这种思想上的局限性，因而在实际行动上，他始终没有跳出改良主义的圈子，他的政治活动最后不得不失败。

谭嗣同虽然有这些缺点和错误，但我们不能苛求于他。从主要方面来看，他毕竟是近代中国向西方寻求真理的先进人物之一，是一位进步的思想家、政治活动家和爱国者；他为祖国的进步贡献出了鲜血和生命，他的历史功绩是应予肯定的。

出版说明

“新编历史小丛书”承自上世纪60年代吴晗策划的“中国历史小丛书”，其中不少名家名作是已经垂之经典的作品，一些措辞亦有写作伊初的时代特征。为了保持其原有版本风貌，再版过程中不做现代汉语的规范化统一。读者阅读时亦可从中体会到语言变化的规律。

新编历史小丛书编委会

图书在版编目（CIP）数据

谭嗣同 / 王克骏著. — 北京：北京人民出版社，2019.5

（新编历史小丛书）

ISBN 978-7-5300-0403-6

Ⅰ. ①谭… Ⅱ. ①王… Ⅲ. ①谭嗣同（1865-1898）—传记 Ⅳ. ①B254.5

中国版本图书馆 CIP 数据核字（2019）第 050750 号

责任编辑　王铁英

责任印制　陈冬梅

新编历史小丛书

谭嗣同

TAN SITONG

王克骏 著

出　　版　北京出版集团公司
　　　　　北京人民出版社

地　　址　北京北三环中路 6 号

邮　　编　100120

网　　址　www.bph.com.cn

总 发 行　北京出版集团公司

印　　刷　北京汇瑞嘉合文化发展有限公司

经　　销　新华书店

开　　本　880 毫米 ×1230 毫米　1/32

印　　张　2.5

字　　数　19 千字

版　　次　2019 年 5 月第 1 版

印　　次　2019 年 5 月第 1 次印刷

书　　号　ISBN 978-7-5300-0403-6

定　　价　18.00 元